Cómo lograr
TODO lo que
QUIERES

**Guía práctica para convertir
metas en realidades**

ALEX DEY

Cómo lograr TODO lo que QUIERES

Guía práctica para convertir metas en realidades

grijalbo

3ª. reimpresión: octubre de 2003

CÓMO LOGRAR TODO LO QUE QUIERES
Guía práctica para convertir metas en realidades

© 2001, Alex Dey

Fotografía de portada: Bernardo Guerra

Ilustraciones: Marco Antonio Echeverría Ornelas

D. R. © 2001, por EDITORIAL GRIJALBO, S. A. de C. V.
   (Grijalbo Mondadori)
   Av. Homero 544,
   Col. Chapultepec Morales, C. P. 11570
   Miguel Hidalgo, México, D. F.

www.randomhousemondadori.com.mx

ISBN 970-05-1349-1

IMPRESO EN MÉXICO/ *PRINTED IN MÉXICO*

Índice

El inicio

La historia empieza una noche de verano. Un joven de dieciséis años de edad se sentía por completo incapaz de lograr sus propósitos, sus metas, todo aquello que anhelaba ardientemente. En su interior siempre pensó que él podría alcanzar lo que se propusiera, pero en ese momento lo invadía tal desesperación por no ver resultado alguno, que decidió poner fin a sus problemas *quitándose la vida.*

Golpeó los ventanales con los puños, haciéndolos añicos. Los cristales le cortaron las venas y empezó a desangrarse. En ese momento llegó su mejor amigo, quien, al verlo, llamó de inmediato a la ambulancia. Los dos paramédicos y el amigo hacían enormes esfuerzos por salvarle la vida a ese joven, pero él, envuelto en su locura, con la fuerza de un animal salvaje, seguía atentando contra sí mismo.

Los paramédicos llamaron a la policía y entre cinco personas consiguieron colocarlo sobre una camilla. Sujeto por cinturones de seguridad lo trasladaron a un hospital, donde lograron salvarle la vida.

Gracias a Dios... De no ser así, no estarías leyendo este libro ahora mismo, pues ésa es la historia de mi vida.

Sí, querido lector, querida lectora, déjame compartir contigo mis conocimientos y mis experiencias. Mi nombre es Alex Dey, y lo que pretendo con este libro es ayudarte a recorrer ese trayecto, ese proceso para el cual nadie fue capacitado: *la vida.*

Si te has encontrado alguna vez envuelto en la desesperación, en la frustración; si te sientes solo o te parece que la vida no tiene sentido, estas reflexiones te ayudarán a cambiar tu perspectiva.

Déjate guiar por una frase que aprendí hace años:

"No importa en la vida cuánto sabes, sino cuánto aplicas de lo que sabes."

Si lees este libro una y otra vez, se producirá un cambio en tu vida.

Sí, porque se trata de una condensación, de una constelación de ideas, de pensamientos y de información que propiciarán esa transformación.

Hace años decidí fundar un instituto que, apoyándose en la investigación, en estudios, pruebas y análisis de resultados, se dedicara a la creación de una idea, de un concepto, de un programa, de un sistema por medio del cual cualquier persona en el mundo pueda producir ese cambio y se convierta en un ser extraordinario y sin límites.

Para ello, lo único que te pido es que abras tu mente.

Lo que compartiremos aquí no tiene que ver con la religión ni con la política; sólo se relaciona con el cambio, con la superación personal.

La superación personal

¿Qué es la superación personal? Es una lucha continua con nosotros mismos por mantenernos bien alineados en lo físico, en lo mental y lo emocional. Es algo que a diario hemos de perseguir.

Querido amigo, a continuación te presento una historia que será de un enorme valor para tu proceso de superación y desarrollo.

Mientras le ponía un poco de azúcar a mi café, en el cálido ambiente del restaurante, entró una fuerte ráfaga de aire helado al momento en que alguien abría la puerta. Esto me hizo reflexionar en lo cómodo que me sentía ahí adentro, mientras la nieve y el frío viento de la noche agobiaban a los que afuera se dirigían a sus casas.

Cuando miré a la puerta en forma instintiva, me sorprendí al ver la figura de Esteban, indiscutiblemente un hombre fracasado y mal vestido. Con un talento poco ordinario, como buen artista, había adquirido la filosofía de no darle importancia al dinero; por lo tanto, se sabía que siempre andaba con los bolsillos vacíos.

Al verlo, me admiré. Lucía mejor; aun mal vestido, se percibía algo nuevo en su mirada. Era común que todos rehuyéramos su presencia pues siempre trataba de sacar provecho de las personas: préstamos, comidas gratis, etc. Cuando menos lo pensé, ya se dirigía a mi mesa y, sin pedir permiso, se sentó junto a mí. Mi sorpresa aumentó cuando me preguntó:

—¿Qué deseas cenar?, pide lo que quieras y no te detengas por el precio.

Yo no salía de mi asombro, cuando él ya estaba ordenando café para los dos. Con una sonrisa de seguridad me dijo:

—No te preocupes, yo pagaré la cuenta.

Muy intrigado, le pregunté:

—¿Acaso has heredado de un tío lejano?

—No, encontré la respuesta a todos mis problemas —contestó con calma, acercando la taza de café a sus labios.

Después del primer sorbo añadió:

—Te noto sorprendido y no me extraña, porque yo mismo todavía no salgo de mi asombro. Ahora soy un hombre nuevo, diferente; ha sucedido un cambio drástico en mi vida en las últimas horas. ¿Cuántas veces me has visto llegar aquí, sin dinero, "gorreando" una taza de café a la primera persona que veía? Yo sé que por eso evitaste mi mirada cuando llegué, y no es que no quisieras invitarme un café o la cena. La verdad es que tal vez no tienes dinero para hacerlo.

En ese momento llegó el mesero y de inmediato Esteban le dijo:

—¡Permítame!

Tomó la cuenta y, con plena confianza en lo que hacía, firmó ambas cuentas. Luego me miró a los ojos, en silencio y sonriente, disfrutando de mi expresión, imposible de disimular.

—¿Conoces algún artista de mi línea que sea igual que yo?

—No —respondí.

—¿Crees que haya algo en mi profesión que no pudiera lograr, si realmente me dedico a ello?

—No, siempre has sido un buen reportero, por siete u ocho años.

—¿Habías visto que firmara cuentas y las cargaran al periódico donde trabajo?

—No, nunca.

—¿Sabes?, mañana inicia mi nueva carrera, tendré una "jugosa" cuenta de banco, gracias a que descubrí el secreto del éxito.

—La verdad, Esteban, desde que entraste noté algo diferente, eres otra persona, ¿a qué se debe?

—Se debe a que mi fortuna está asegurada. Leí una extraña historia y desde entonces mi vida cambió. Si quieres que lo mismo te suceda, lo único que necesitas hacer es leerla. Seguramente tu vida cambiará; cuando la conozcas, borrarás la palabra "Imposible" de tu mente. Además, es tan sencillo como seguir el "1, 2, 3". En el momento en que comprendas su significado, tu éxito estará asegurado —Esteban se inclinó hacia mí y me confió—: Esta mañana era un hombre sin sueños, sin destino, sin metas y tan sólo caminaba sin rumbo, como un "perro sin dueño". En estos momentos, no cambiaría mi lugar con un millonario ya que muchos de ellos han gastado su entusiasmo, y el mío apenas comienza.

—¡A ver, a ver!, ¿estás tomado o hablas en serio? Si es así, cuéntame esa historia, que tanto necesito escuchar.

Esteban me contestó:

—¡Claro!, te la contaré hasta la última palabra; de hecho, debería ser escrita y legada a la humanidad para que en el futuro muchas almas pudieran beneficiarse con ella. Esta mañana desperté y, como siempre, mi estómago se encontraba vacío. No tenía la menor idea de dónde conseguiría mi alimento. Ya no tenía crédito, mucho menos efectivo para comprar algo. Fríamente acaricié la idea del suicidio. Había solicitado trabajo en tres de los periódicos en los que laboré antes. No me aceptaron y estaba tan decepcionado que para mí las únicas opciones eran una lenta muerte por hambre o una rápida mediante el suicidio. Luego encontré la historia y la leí. En menos de una hora experimenté una transformación increíble porque, mi buen amigo, todo cambió en el momento en que terminé de leerla. Y ¡aquí me tienes!, "el nuevo Esteban".

—Pero, ¿de qué trata la historia, Esteban? —le pregunté.

—Espera, déjame terminar —continuó—; de inmediato hice unos dibujos, los anexé a mi currículo y regresé a los mismos tres periódicos que antes había visitado, y en todos me aceptaron —comentó entusiasmado—. Entonces yo escogí para quién voy a trabajar.

—Pero, Esteban, ¿la historia funcionaría para otros como yo?

—¿Que si te ayudaría? ¿Por qué no? Te la voy a contar, aunque la verdad deberías leerla; se trata de...

En ese momento nos interrumpió el mesero y le avisó que tenía una llamada. Disculpándose, el exitoso artista se levantó; se despidió de prisa, se abrigó y se perdió en el frío de la noche. Los demás comensales comentaron que jamás habían visto que Esteban recibiera una llamada ahí, y eso sólo mostraba el cambio tan notable que esa historia causó en su condición.

Días después, me encontré con un viejo amigo de la universidad, que ahora trabajaba en uno de los periódicos más prestigiados de la ciudad.

—¡Hola, viejo amigo!, ¿cómo te trata la vida?, ¿todavía flotando en el espacio?

—¡Sí! —contesté.

—Lo siento por ti, porque ahora sé que la buena suerte existe. Al fin llegan las cosas positivas —sonreía contento—; algo muy interesante ha sucedido en mi vida, ¿sabías?

—¿A que te refieres? —le pregunté.

—A una historia que cambió mi destino.

—¿Será que te la contó Esteban?

—¡Así es!, ¿lo conoces?

—Sí —le contesté.

Mi amigo me contó:

—Iba preguntándome quién podría prestarme para pagar la renta, cuando en uno de los pasillos del periódico me encontré con él, y al bajar las escaleras me contó la historia. De inmediato sentí que era un hombre nuevo; es la historia más sorprendente que he escuchado. En menos de veinticuatro horas estaba otra vez de pie, y no he vuelto a tropezar desde entonces.

—Ha de ser una historia muy interesante —expresé incrédulo—. Esteban me la iba a contar hace unas noches. ¿Dónde crees que lo pueda localizar?

—Está fuera de la ciudad, dibujando para un periódico nacional y para una importante editorial, ganando, tengo entendido, muy buen dinero; lo que sí te puedo asegurar es que a cada persona que ha escuchado la historia le ha ido bien desde entonces. Eso me han dicho Felipe, el agente de bienes raíces, y Daniel, el vendedor de inversiones. Después de que Esteban les narró la historia experimentaron los mismos resultados que yo. ¡¿La conoces tú?!

—No, ¡cuéntamela!, a lo mejor tiene el mismo efecto en mí —le pedí desesperado.

—¡Claro!, me gustaría imprimirla en letras grandes y negras para que el mundo la leyera y lo más raro es que es tan sencillo como el 1, 2, 3. Disculpa, tengo que marcharme, nos vemos.

Y a paso acelerado se retiró.

Hundido en mis pensamientos continué vagando sin rumbo fijo. En mi bolsillo sólo había una moneda de cinco centavos, suficiente para el tranvía que me llevaría a casa esa noche pero insuficiente para llenar mi estómago.

Caminé a una pequeña fonda cuyo dueño me conocía y me daba crédito. Al entrar me topé con él, quien iba saliendo a paso acelerado. Acercándome para que nadie más escuchara, le dije:

—Disculpa, no traigo dinero pero...

Sin dejarme terminar, me llevó con una persona extraña y le comentó:

—¡Mira!, él es un buen muchacho; en ocasiones no trae dinero, pero vuelve y paga, es uno de mis viejos clientes.

Puso la mano en mi hombro y me informó:

—Él es el nuevo dueño de este lugar. Yo voy a abrir mi nuevo restaurante en el centro de la gran ciudad y todo esto se lo debo a Esteban, quien la otra noche llegó y me contó una historia.

Se despidió y alejándose con alegría, me invitó:

—Visítame un día de éstos; estoy en la avenida ocho.

Empecé a cenar y pensé: "Si esta historia está ayudando a tanta gente, creo que el más indicado para escucharla debería ser yo, ya que yo fui el primero a quien Esteban le mencionó que había una Historia Mágica".

Salí del restaurante, metí las manos a los bolsillos y toqué la moneda que me permitiría abordar el tren de regreso a mi departamento.

Entonces decidí: "Esta noche no me voy a casa sin antes escuchar la Historia Mágica; pero, ¿cómo podré localizar a Esteban?" No sabía dónde vivía. "¡Ah!, ya sé, tal vez se encuentre en el restaurante donde lo vi esa noche."

Tomé el poco dinero con que contaba y fui en busca de Esteban.

Al llegar, lo vi rodeado de varias personas, todas elegantemente vestidas, con apariencia de abogados o importantes personas de negocios. Me di cuenta de que narraba la Historia Mágica pero, al acercarme, tan sólo escuché: "Y ésta fue La Historia Mágica". En ese momento, todos comenzaron a retirarse.

—Esteban —le dije—, yo soy la primera persona a la que le comentaste sobre la Historia Mágica y he visto que a mucha gente le ha ayudado a cambiar su vida. Por favor, cuéntamela a mí, no podré dormir hasta que lo hagas.

—Mira —me respondió Esteban—, desgraciadamente, debo ir al periódico.

—Por lo que más quieras, ¡cuéntamela!, aunque tengas que hacer; es muy importante.

—Bueno... está bien, siéntate, tómate un café y te la voy a contar.

En ese momento le entregaron un telegrama a Esteban, quien me informó:

—Es urgente que me presente en el periódico y no puedo contarte ahora la historia. Pero te diré lo que haremos: ya que es tan importante para ti escucharla, te daré la llave de mi departamento. Vivo a cuatro cuadras de aquí; llegando a la avenida, das vuelta a la izquierda, el mío es el primer departamento. Cuando llegues, abre la puerta. Al entrar, en un rincón encontrarás un escritorio. En el cajón de arriba, a mano derecha, hay un pequeño libro; ese librito contiene la historia que estaba contando. Comienza a leerla y te veo ahí dentro de una hora.

Salí corriendo y me dirigí al departamento de Esteban. Ahí encontré el escritorio y, justo en el lugar que me indicara, estaba el libro, el cual empecé a leer:

La Historia Mágica

Esta historia se escribió en el siglo XVII y trata de una persona que puede afirmarse que encontró el camino hacia el éxito. Nuestro protagonista nace en 1604, en una de las colonias que formaban los Estados Unidos, cuando este país aún no se integraba por estados.

Proveníamos de una humilde familia de campesinos. Mi padre, en su afán de mejorar, decidió que nos mudáramos a Boston. Vendió sus tierras y con el dinero obtenido compró una barca y otros artículos necesarios para nuestro traslado.

Ya instalados en la gran ciudad, su desilusión fue grande pues, además de que no encontró trabajo, la gente era muy fría y muy diferente de aquellos con quienes solía convivir. Deprimido, cayó enfermo y murió un año después de nuestra llegada. Hubiera sido mejor para él escuchar los sabios consejos de mi madre: "No vendas lo poco que poseemos en la vida, porque mil oportunidades pesan menos que una pieza de plata".

Dos años después, desilusionada, mi madre también enfermó y falleció.

Al quedar solo en el mundo a los diez años de edad, unos buenos vecinos me adoptaron pero, como todos sabemos: "El muerto y el arrimado a los tres días apestan", y mis experiencias no fueron precisamente agradables.

Sin embargo continué mi vida y a los veintitrés años ya laboraba en una fábrica de piezas para las barcas de madera, tan populares en ese entonces. Trabajé con gran ahínco y pasión; por mis amargas experiencias, en verdad valoraba y agradecía mi empleo. Después de cuatro años, mis enormes esfuerzos se vieron coronados por el éxito: me convertí en dueño de la fábrica. Mis resultados fueron sumamente motivantes y me entusiasmaba que las personas me respetaran y se admiraran de que fuera el comerciante más joven de la ciudad.

Pero las cosas no siempre funcionan bien y la desgracia tocó a mi puerta: un gran incendio dejó reducida a cenizas mi fábrica.

Como bien dicen por ahí, los males nunca vienen solos, así que, después del siniestro, también llegaron las deudas, y con ellas, las exigencias de los acreedores.

Ante tal situación, solicité empleo en diferentes empresas y por fin conseguí que me contrataran. Acepté un plazo muy forzado que mis acreedores me ofrecieron para liquidar las deudas y finiquitar mis compromisos. Sin embargo, con el paso del tiempo, aumentó la presión; las jornadas eran duras y el salario no era suficiente para cubrir las exigencias. Mi desesperación llegó al límite y los acreedores solicitaron a las autoridades que me detuvieran por incumplimiento de pago.

En la cárcel me sentí el hombre más desdichado del mundo y me preguntaba: "¿Por qué a mí?; si tan sólo me hubieran concedido un poco más de tiempo; siempre he sido una persona esforzada, me gusta salir adelante y no conformarme con las migajas". "¡Qué me sucede!", era la frase que me repetía una y otra vez durante el tiempo que permanecí preso.

Con lentitud pasaron los años y terminé mi condena. Al salir, llevaba la ropa rota, sucia, y un viejo bastón sin valor. No era ya el mismo ser humano que había entrado a la prisión.

Aunque encontré empleo, no me entusiasmó mucho la idea. Como toda persona, me veía obligado a trabajar para sostenerme, pero ya no sentía la pasión de antes y eso dificultaba el comenzar de nuevo. Cuando mi patrón salía, yo me sentaba y no cumplía con mis responsabilidades. Hasta que un día me descubrieron y me despidieron.

Ese día vagué por las calles; no me atrevía a llegar a mi departamento ya que no tenía con qué pagar la renta. Cayó la noche y seguí caminando sin rumbo fijo. Vencido por el cansancio, me quedé dormido bajo el pórtico de una casa.

A la mañana siguiente, desperté temprano y, como acostumbraba desayunar bien, sentí hambre. Reaccioné y, en mi intento de ver dónde me encontraba, lo único que atiné a hacer, en forma torpe, fue levantar la mano a un hombre que caminaba por la acera. Éste, sin preguntar ni detenerse, me dio unas monedas.

"Fue muy fácil", pensé, y me di cuenta de que podía recibir dinero sin trabajar. A partir de ese momento me volví un pordiosero que vagaba por las calles con la ropa cada vez más deteriorada. Mi vida era ahora por completo distinta.

Una noche, caminando ya tarde y aterido de frío, llegué al sitio donde se encontraba mi negocio. Ahí formé una pirámide con cartones viejos y unos cuantos palos quemados.

El clima de Boston es inclemente y una noche se desató una tormenta de viento y nieve. Desperté temblando; estaba a punto de congelarme y me dolía todo el cuerpo. Con dificultad intenté incorporarme y, ya de rodillas, pude observar algo que me confundió: a corta distancia de mi pirámide de cartón se hallaba una cabaña.

La luz del fuego de la chimenea se filtraba por los vidrios de la ventana. Me acerqué y vi a un hombre robusto, sentado confortablemente frente al fuego. Él se dio la vuelta y, al verme, con una señal me invitó a entrar. Sin palabra alguna de bienvenida, momentos después me encontraba junto a la chimenea disfrutando su calor.

Observé su rostro y me pregunté: "¿Quién será esta persona?; su rostro refleja serenidad, inteligencia y sus ojos poseen un brillo muy especial".

El silencio era total. El fuego calentó mi cuerpo. Transcurridos unos minutos, el hombre se limitó a decirme: "Ya puedes salir". Así lo hice.

Por la mañana siguiente, desperté en el interior de mi pirámide. De inmediato salí para buscar la cabaña. Ahí estaba el hombre de la noche anterior, vestido con elegancia. Decidí seguirlo. Al caminar por las calles, observé a la gente saludarlo con respeto. Los lugares que visitó, curiosamente, eran los mismos que yo frecuentaba cuando tenía mi negocio. Oculto para que no se percataran de mi "facha", presencié cómo mis ex proveedores y acreedores lo recibían y lo atendían.

Lo seguí por una semana, desconcertado porque él conocía y trataba a las mismas personas que yo solía tratar. Acabado su trabajo, iba tras él hasta su cabaña y lo espiaba mientras descansaba junto a su chimenea. Luego yo me retiraba solo a mi pirámide de cartón.

Una tarde, cuando lo seguía como de costumbre, caminando a cierta distancia para que no me descubriera, al dar vuelta en una esquina, de pronto me topé con él, ahí, de pie, sombrero en mano y apoyado en su bastón. Acercándose a mí, me preguntó:

—¿Por qué me sigues?

Bajo la luz del farol, pude observar algo increíble: su rostro era igual al mío. Incapaz de contener la sorpresa, lo cuestioné a mi vez:

—¿Quién eres tú? ¿Por qué te pareces tanto a mí? ¿Por qué la gente te respeta tanto y vives con tanta comodidad?

Su insólita respuesta fue:

—Yo soy la otra parte de ti, tu subconsciente que se cansó de vivir dentro de ese cascarón viejo que eres tú. Porque toda persona tiene dos entidades: la mayor y la menor. Yo, tu entidad menor, vivía dentro de ti; pero un día, cuando estabas en prisión, decidiste abandonarme. No podía continuar en tu interior. Yo era quien te decía por medio de las corazonadas: "Haz este negocio", "Ofrece este producto así". Yo te inyectaba entusiasmo y provocaba que tus ojos brillaran. Pero, ¿sabes una cosa?, me cansé de estar incompleto contigo y decidí marcharme y continuar sin ti. Es por eso que, aun siendo la entidad menor, puedo disfrutar la vida, mientras tú, dentro de ese cascarón viejo al que llamas cuerpo, vives la tuya. Mi estilo de vivir lleva a disfrutar la salud, la riqueza, la felicidad; el tuyo tan sólo conduce a la muerte.

Maravillado, le pregunté:

—¿Qué debo hacer para que regreses a mí?

—No deseo volver a un cuerpo sucio y mal oliente.

—¿Y si yo decidiera cambiar?

—¡Eso lo hubieras decidido hace mucho tiempo! —fue su impactante respuesta.

Triste y desconcertado, retorné a mi pirámide de cartón. Me acosté sobre los periódicos y me quedé dormido. A la mañana siguiente, ¡oh sorpresa!, la cabaña ya no estaba. Rápidamente me levanté. Mis reflejos habían mejorado, me invadía la energía y mi cuerpo estaba limpio. Observé mis ropas sucias y desgastadas, ¡ya no las toleraba! "Algo" en mí había cambiado y me impregnaba de energía. Entonces comprendí: "¡Ha regresado!" Volví la mirada a los periódicos retorcidos y, envuelto en ellos, descubrí aquel cuerpo mal oliente y feo. Decidido, le ordené: "¡Ahí te quedas!"

Regresé al edificio donde vivía y le pedí al casero:

—Necesito entrar a mi departamento.

—Ya no está disponible —respondió—, pero puede utilizar cualquiera de los otros.

Acto seguido me entregó mi ropa. Me bañé y me dirigí a la empresa donde laboraba antes, de la cual me habían despedido. Me presenté más temprano que nadie; comencé a trabajar con todo el ánimo y la pasión que antes invertía, y me esmeré en cada una de las piezas que elaboraba. A media mañana llegó el capataz y comentó:

—¡Ahh! ¿Regresaste?

Examinó las piezas y, sin añadir nada, se dio la media vuelta y se marchó.

A partir de entonces volví a mostrar aquel brillo especial en los ojos. Mi vida se transformó en un instante. Nuevamente tenía un lugar donde vivir, había recuperado mi trabajo.

¡Mi vida volvió a ser próspera!

Y éste es el fin de la historia.

Campeón, tú también posees dos entidades pero lo más probable es que no lo sepas.

La entidad menor es la parte a la que podemos llamar "negativa", y que muchas veces te arrastrará a una vida de autodestrucción, miseria y soledad.

La entidad mayor es la parte subconsciente, que habita dentro de nosotros y que por medio de "corazonadas" te insiste para que logres más, para que continúes adelante, para que triunfes.

Sobre estas dos entidades puedes obtener más información en mi obra llamada "El poder ilimitado de la magia mental", disponible en audiocasetes o videocasetes.

*Yo tuve un enemigo
que mis pasos seguía
y aunque parezca extraño
yo no lo conocía; mis planes
y mis metas,
todo desbarataba,
mis mejores deseos
por él no los lograba.
Un día pude encontrarlo y le
reclamé su cinismo, le destapé
la cara y me encontré a mí mismo.
Desde ese día todo se transformó
pues aquel enemigo mi amigo se
volvió, mi antiguo subconsciente
que antes interfería ahora por
sí mismo mis deseos cumplía.
Ya sin conflicto entre
los dos puedo llegar
hasta Dios.*

La motivación

Un término que utilizaremos mucho es *motivación*, es decir, contar con un motivo para saltar de la cama todos los días y vivir con pasión.

> *Motivarnos significa encender el motor del ser humano para desencadenar nuestro potencial.*

Y tú puedes hacerlo, ya que contamos con libre albedrío y en un instante de iluminación puedes decretar ese cambio en tu vida para experimentar la autorrealización. Si te decides te convertirás en un ser extraordinario y sin límites.

Pero, ¿qué es un ser extraordinario y sin límites?

Un ser extraordinario es un ser ordinario que hace algo *extra* que los demás no hacen; un ser sin límites es aquel que elabora una lista de cuáles son sus más grandes limitaciones y se pone a trabajar en superar una a la vez.

Cuando imparto conferencias, algunos miembros de la audiencia suelen preguntarme por qué los llamo campeones. Bueno, es que yo creo que todos somos campeones, pero no nos visualizamos de esa manera.

> *El poder de la visualización consiste en ver algo antes de que suceda. Por eso debemos visualizarnos como campeones.*

Se afirma que *el ser humano fue diseñado para triunfar pero programado para fracasar.*

Aquí hablaremos de cómo generar el cambio que todos buscamos en este nuevo milenio. Hagamos a un lado nuestras viejas creencias y limitaciones personales. Poseemos el potencial para vencer de manera absoluta cada uno de nuestros complejos, incluyendo el de inferioridad, tan arraigado en muchos de nosotros.

Tal es el objetivo fundamental de este libro, orientado a alcanzar la superación personal y a lograr una transformación positiva permanente en nuestras vidas.

Ahora gozo del privilegio de hablar para miles de personas al mes en mis conferencias en vivo, y miles más aprenden de mis programas de audio y videocasetes, entre ellos: "Cómo lograr un futuro brillante", "La magia de la negociación", "Psicólogo en treinta minutos", "Maestría en ventas", "El arte de la venta moderna" y muchos más.

Ahora bien, al principio de esas conferencias acostumbro preguntar a algunos de los asistentes: "¿Es usted totalmente feliz?" Y nueve de cada diez responden: "No". Entonces me doy cuenta de que no tienen un motivo por el cual entregarse en cuerpo y alma, con toda pasión, a lo que hacen.

Aquí es donde tenemos que hablar de por qué, cuando el éxito y la felicidad están disponibles para todos, tan pocas personas los aprovechan.

Querido lector, lectora, yo nací y crecí en Ciudad Juárez, Chihuahua, una de las fronteras de México con Estados Unidos, y a los catorce años de edad tuve la fortuna de ser adoptado por una familia norteamericana que me llevó a vivir con ellos y me ayudó a modificar mi forma de pensar. Mi padre adoptivo me ordenaba escuchar a diario casetes con temas de motivación que, incluso llegaban a parecerme muy aburridos, al extremo de quedarme dormido. Un día me descubrió y me dio instrucciones nuevas: ahora debía entregarle un extracto de la información contenida en esas cintas. En ese entonces me disgusté, nada raro en un adolescente.

Después me percaté de que esos temas se relacionaban en gran medida con la vida y que esos principios eran acertados y correctos.

Así, pues, empecé a investigar; estudié el campo de la motivación y hasta la fecha he leído cientos de libros sobre superación personal, psicología, psiquiatría y el comportamiento del ser humano. Todo ello con miras a descubrir la respuesta al cuestionamiento más intrigante de nuestro tiempo:

> *¿Por qué, si la felicidad y el éxito están disponibles para todos, tan pocas personas los aprovechan?*

En mi caso, esa familia me ayudó a cambiar por completo mi estructura mental. En efecto, en determinado momento de nuestra vida —bien sea a los quince o a los sesenta y cinco años de edad— siempre se presenta una persona que nos ayudará a cambiar nuestro esquema mental, a dar un giro a nuestras creencias y a guiarnos hasta convertirnos en seres extraordinarios e ilimitados.

Sin embargo, esto no ocurrirá si no abrimos nuestra mente. Y la mayoría de las personas que leen mis libros y escuchan mis grabaciones, no lo hacen. Aun cuando poseen gran inteli-

gencia y maestría sobre las maestrías —a esos los llamamos "amaestrados"—, no son capaces de sensibilizarse, de abrir su mente a conceptos que han redundado en buenos resultados para otros.

Recuerda: no se trata únicamente de pensar o de hacer —como yo fui programado en un principio—: debes pensar lo que los triunfadores piensan y hacer lo que los triunfadores hacen.

Con la madurez me di cuenta de que el sentir también juega un papel muy importante en nuestro triunfo y desarrollo.

Con el sentir me refiero a: déjate llevar por tu corazonada; si te late algo es porque tu subconsciente te dice que sí funcionará.

Pero los amaestrados, por sus mismos conocimientos, bloquean sus sentimientos.

Algunos sostienen que los conocimientos y la sabiduría generales no nos ayudan a producir el cambio que tanto deseamos.

¿O piensas que todos los psicólogos y los psiquiatras son felices? No, querido amigo, muchas veces el conocimiento general no nos ayuda a alcanzar nuestros objetivos personales.

El éxito

Debo admitir que en la actualidad la palabra éxito está tan desgastada que no provoca pasión ni desencadena energía.

Por eso, te invito a que practiquemos este ejercicio relacionado con el éxito.

Imagina la pantalla de un cine inmensa, brillante. Ahora llénala de imágenes que te estimulen. Posiciónate ahí. Agrega a tus seres queridos. Visualiza la casa de tus sueños, con muebles modernos y a través de cuyos grandes ventanales puedes apreciar en el exterior los automóviles que más has deseado. Todo esto transcurre en una plácida mañana de domingo. Visualízate con una sonrisa de satisfacción, de orgullo y autorrealización.

Eso sería el éxito.

Varias veces en el día, repite esa imagen en tu mente, hasta que llegue a plasmarse en tu subconsciente. Así, de manera automática, éste se encargará de buscar los elementos para hacer de ella una realidad. Después dependerá de ti disfrutar del éxito conseguido.

Recuerda: el éxito es una jornada continua hacia el logro de metas predeterminadas y valiosas.

Si en este preciso instante decides iniciar aquello que tanto has soñado realizar, si decides cambiar ahora mismo y empezar a tomar acción, ¿habrá cambiado tu vida? Desde luego.

Pregúntate continuamente: ¿qué día es hoy? *Hoy es el primer día de tu nueva vida.*

¿Sabes por qué? **Porque hoy es el primer día del resto de tus días.**

Y si al leer esto decides cambiar tu actitud y tu forma de pensar, mañana, cuando abras los ojos, ya serás otra persona. Entonces habrás iniciado tu nueva vida.

Repito, para navegar de manera óptima en este proceso llamado vida, hemos de abrir nuestra mente. Un versículo de la Biblia dice:

> *"Corrige al sabio y se hará más sabio, pero corrige al necio y te lo echarás de enemigo."*

Y tú eres un sabio por tu disposición para recibir mi mensaje.

Gracias a Dios, a temprana edad, debido a la información positiva y orientadora que pude absorber, me convertí en un empresario con éxito. A los veintiséis años logré mi independencia financiera, y desde entonces decidí dedicarme a ayudar a otros a conseguir la suya, a colmar sus hogares de felicidad, comunicación y armonía, a iniciar en la forma adecuada su jornada hacia el éxito.

El éxito puede consistir en casi cualquier cosa. Por ejemplo, para una jovencita o un joven solitario, alcanzarlo puede ser encontrar con quien compartir su vida y casarse. Para una pareja que no ha logrado procrear, tal vez sea concebir un hijo. Para una familia numerosa y de escasos recursos, llegar a poseer una casa y dinero.

Si tú lees este libro una y otra vez, también podrás aprovechar el potencial que existe dentro de cada uno de nosotros.

¡BASTA YA!

En la jornada hacia el éxito un paso crucial es llegar al día en que digamos: "¡Basta ya!" Basta de hacer las cosas a medias: medio comprar, medio triunfar, medio trabajar, medio realizar, medio planificar, porque entonces caemos en un mundo de *medio*-cridad. Empieza hoy; todos necesitamos un día de ¡basta ya!

Analicemos el caso de alguien que acostumbra beber en exceso: necesita con urgencia decidir: "¡Basta ya de tanto beber!" Pero, por desgracia, no es hasta que ocurre un accidente, hasta que golpea a algún miembro de su familia, hasta que ocurre una tragedia o lo abandona su esposa, cuando llega el día en que exclama: "¡Basta ya, estoy bebiendo demasiado!" A partir de ese día cambia su vida.

Querido lector, lectora, te encuentras en el momento preciso para decidirte a afirmar: "¡Basta ya!, basta de medio hacer las cosas". En tu interior reside un ente llamado "vigilante", es decir, tu subconsciente que sabe a la perfección cuándo te estás excediendo en algún tipo de conducta: en beber, fumar o comer —algunos utilizan la comida como una droga, como una forma de alcanzar ese estado mental llamado tranquilidad, felicidad o armonía—, en dejarse llevar por la pereza.

Pues bien, mi intención es que confrontes a ese vigilante, porque de ti mismo no podrás escapar; deberás mantener una plena comunicación y armonía con él.

> *Recuerda, tu calidad de vida equivale a la calidad de la comunicación que sostengas con otras personas. Pero más importante aun es la comunicación contigo mismo.*

Aprende a dialogar contigo mismo. La manera de lograrlo es utilizando técnicas de relajamiento o meditación. Aprende a detenerte; a veces vivimos nuestros días con un ritmo demasiado acelerado: nos levantamos, nos cambiamos, nos arreglamos; tenemos que llegar a tiempo al trabajo, a nuestras citas; debemos llevar a los niños a la escuela y quizá realizar otras actividades. Dada esta aceleración no nos detenemos a preguntarnos: "¿De dónde vengo?" "¿Dónde estoy?" "¿Hacia dónde voy?"

En la vida el que no sabe
a dónde va, ya llegó.

Pon un freno a tu estilo de vida y dedica diez minutos diarios a plantearte lo siguiente:

¿Estoy acercándome a mis propósitos, estoy acercándome a mi meta? ¿O me estoy alejando de ellos?

Muchísimas personas se están alejando de sus propósitos. Algunos dicen que podemos pasar junto a nosotros mismos, enfrente de nosotros mismos, sin reconocernos.

En otras palabras, es muy fácil perder de vista el rumbo que habíamos emprendido.

Muchos, sea cual sea su edad, pierden en tal medida el sentido de la vida, que llegan a preguntarse:

"Bueno, ¿esto es la vida?" "¿De qué se trata?" "¿De trabajar y trabajar incansablemente para sacar a mi familia adelante, de mantener a esta señora que es mi esposa y a todos mis hijos?" "¿Cómo demonios me metí en esto?"

Esta persona se encuentra sumergida en la *crisis de la realidad.*

La crisis de la realidad se manifiesta en la siguiente historia:

Una fresca mañana de lunes un hombre se prepara para ir a trabajar. Se mira al espejo pensativo y se pregunta: "¿Quién eres tú?" A través de la puerta entreabierta alcanza a ver a sus hijos que, acostados, rodean a su esposa y se pregunta: "¿De dónde vinieron todos esos niños y cómo terminaste aquí? ¿Esto es lo que deseabas?"

Por unos momentos se remonta a cuando era un niño y su padre le preguntaba: "¿Qué va a ser mi hijo cuando sea grande?", y él contestaba: "Voy

a ser licenciado, voy a ser astronauta".
Pero, ahora, la *realidad* es otra.

De repente, en medio de sus reflexiones, de sus tensos dedos cae el rastrillo de afeitar; se da cuenta de que sus hijos ya despertaron. Uno de ellos pisa su camisa, mientras el otro, jugando, se amarra su corbata a la cintura.

Poco más tarde, ese hombre se dirige muy pensativo a su trabajo. No sabe que, al ser víctima de la crisis de la realidad, automáticamente provoca otra crisis: la laboral.

Experimenta una gran insatisfacción respecto a su trabajo. Se siente sobretrabajado y mal pagado.

Pero si tú crees que él es el único que se siente así, veamos qué sucede con su esposa, quien se dice: "Me siento como si fuera sólo un mueble en esta casa, una máquina de trabajo. Por lo menos él sale, conoce gente y en su empleo cada día es diferente". Tratando de motivarse, agrega para sí: "Fea, fea, no soy, todavía tengo bonitas piernas; podría adelgazar un poco, teñirme el cabello de rubia y salir a algunas reuniones sociales donde a lo mejor conocería a algún hombre que sí supiera valorarme".

Mientras tanto, él se mira al espejo del baño de su empresa y piensa: "Debería ingresar a un gimnasio para reafirmar mi cuerpo, pintarme las canas, comprar ropa nueva, cambiar mi auto y empezar a salir los fines de semana. Conozco amigos que salen con chicas jóvenes y atractivas, que disfrutan vidas más interesantes..."

Ambos protagonistas son víctimas de la crisis de la realidad. ¿Cómo la superan? La solución depende de tres factores:

1. *Su nivel intelectual*
   Necesitan autoeducarse leyendo más y aprendiendo de parejas que ya han superado esta circunstancia.

2. *La calidad de la comunicación entre ellos*
   Necesitan dedicar un día de la semana a analizar su relación, reforzarla y enriquecer su comunicación. No hablar de la casa ni de los niños, sólo de ellos.

3. *Trazado de nuevas metas juntos*
   Es la rutina la que los hace sentir así. Necesitan planear un viaje interesante, sin niños; probablemente cambiar de ciudad, de trabajo; emprender juntos algún negocio y

recordarse que estar casados no es quedarse viendo uno al otro, sino ver en la misma dirección juntos.

La pérdida del sentido de la vida

En su libro *El hombre en busca de sentido*, Victor Frankl narra su reclusión en los campos de concentración nazis. Durante los cinco años que estuvo prisionero, se dedicó a analizar la manera de pensar de sus compañeros de infortunio. Cuenta que los levantaban a las cinco de la mañana con un silbato; debían saltar de inmediato de sus camas y ponerse los zapatos para recorrer caminos nevados, rumbo a donde construían las vías del ferrocarril. Pero en ocasiones los zapatos se mojaban mucho con la nieve del día anterior y cuando se los quitaban encogían; al día siguiente, con los pies hinchados, no podían ponérselos. Si no lo lograban, se los llevaban caminando descalzos. Por eso la gran mayoría dormía con zapatos.

Como pago por su tremendo esfuerzo les entregaban dos cigarrillos el fin de semana, los cuales intercambiaban con los capataces por otro plato de sopa o por un pedazo de pan. Pero, cuando veían que una persona empezaba a fumar sus propios cigarrillos, eso significaba que ya había perdido el sentido de la vida; había decidido ya esperar la muerte.

Desde luego, tú no necesitas estar en un campo de concentración para perder este sentido vital y limitarte a esperar la muerte.

No, eso sucederá en el momento en que empieces a fumar tus cigarrillos, en el momento en que digas: "No me interesa"; "Me importa poco engordar", o "No me motiva mi trabajo". Si empiezas a hacer las cosas a medias, comenzarás a deteriorarte, y eso representa un torbellino destructivo: te dará por beber, comer o fumar en exceso; por ver demasiada televisión para escapar de los acontecimientos y evitar la confrontación y el cambio. Muchos disfrutan las películas de ciencia ficción porque en ellas pueden vivir la vida de héroes ficticios y de otras personas, evadiendo su realidad.

Es entonces cuando quienes le han perdido el sentido a la vida no saben con exactitud qué es lo que quieren hacer; se sienten perdidos; piensan que se están haciendo viejos demasiado rápido.

En el caso de los jóvenes, a un buen número de ellos los invade la confusión en medio de su carrera y no la terminan.

Todos debemos tener un rumbo, un destino; un avión no puede salir del aeropuerto a menos que el piloto informe cuál es su destino; un barco no puede salir del puerto a menos que el capitán reporte hacia dónde se dirige.

Y la pregunta que yo te planteo es: *"¿Cuál es tu destino?"*

Querido lector, lectora, no te pierdas, detente un instante y haz una lista de todas las cosas que desees realizar en tu vida.

Cuando termines de anotar, empieza a llevarlas a cabo *ahora mismo*.

> *Sea cual sea tu edad, éste puede ser el primer día de tu nueva vida si tan sólo te lo propones, si tan sólo decides provocar este cambio ahora mismo.*

LA ACTITUD

El primer paso para evitar perder el sentido de la vida, para llegar al día de exclamar "¡Basta ya!", es la actitud. Así es, el proceso de cambio y evolución de todo ser humano empieza con un solo concepto: el poder de la autosugestión. Se trata de algo bastante sencillo. Sin embargo, algunos asistentes a mis conferencias y seminarios se muestran críticos; parecen encararme diciendo: "Convénceme si puedes", o: "A ver, motívame". Mi respuesta es: "Pues ni que fuera obligación". La motivación es algo que nace de adentro hacia afuera, no de afuera hacia adentro.

Si bloquean su mente, si no se abren a los conocimientos de este tipo, a los mensajes que podrían dar un giro a su vida, la tarea es punto menos que imposible. Y no pretendo con ello negar que sí me gustaría generar ese cambio, que los conceptos que he descubierto podrían funcionar en su caso. Por el contrario, sostendré siempre que son positivos para toda persona, en todas las ocasiones, en el momento en que comiencen a utilizarlos.

El primer paso, entonces, es la actitud. Debemos conducirnos con la actitud de un campeón: si tú crees que vas a fracasar, automáticamente te programas para fracasar.

En cierta ocasión le pregunté a un joven boxeador hispano de gran éxito

—ha ganado casi cien peleas—: "Oye, ¿no sientes miedo cuando subes al cuadrilátero?" Su respuesta fue: "Pues claro; sé que millones de personas me están viendo por televisión; que tengo una gran responsabilidad: ganar; por tanto, no me permito dudar de mí mismo ni un segundo; empiezo a pensar: 'Hoy voy a ganar y a llevarme otra vez la corona, voy a obtener la victoria'. Ha habido ocasiones en que he andado todo el *round* noqueado pero continúo boxeando, porque en el momento en que mi cerebro le diga a mi cuerpo que puedo perder, en el instante en que la duda entre a mi cerebro, le restará a mi cuerpo, a mis músculos, la fuerza para obtener de nuevo la corona y la victoria".

Tomando el ejemplo de tan esforzado atleta, si queremos triunfar, lo primero que debemos hacer es visualizar el éxito, visualizar que ya estamos en posesión de las cosas que soñamos.

Debemos también iniciar esa jornada hacia el éxito, sin olvidar que el primer paso es la actitud.

Acaso pienses: "Aquí vamos de nuevo"; no obstante, ahora te daré la fórmula de manera más específica.

Los ingredientes son los siguientes:

---

*15 por ciento de **aptitud**, o sea de ser apto para algo*

*y 85 por ciento de **actitud***

*determinan la **altitud** que alcanzaremos en la vida.*

Si nuestra intención es llegar bastante alto, es necesario que nos basemos más en nuestra actitud que en nuestra aptitud. Algunas personas están más que listas: muchísimos jóvenes profesionales salen de la universidad con su título bajo el brazo exclamando para sí: "Ahora sí voy a triunfar". Piensan, visualizan que las empresas los esperan con los brazos abiertos, pero no es así.

Estos jóvenes suponen que sólo con el conocimiento general, que con sólo la sabiduría van a alcanzar lo que quieran en la vida. ¡No!

Si uno de tus propósitos es acumular riqueza, necesitarás contar con información directa, dirigida y perfectamente específica sobre un único propósito: *cómo ganar dinero*. De ahí que en la noble profesión de las ventas se gane más de lo que perciben muchos profesionales, quienes a veces poseen información generalizada, no específica y menos dirigida a un solo propósito.

> *No olvides la fórmula esencial:*
> *para lograr esa altitud,*
> *se requiere 15 por ciento*
> *de aptitud y 85 por*
> *ciento de actitud.*

Cabe aclarar que no quiero decir que la universidad no sea buena, desde luego que lo es. Pero si estás estudiando para convertirte en ingeniero, dentista, médico o abogado, requerirás aprender a administrar todo tu conocimiento y a convertirte también en un gran negociante. Sí, deberás desarrollar la habilidad de *negociar*. Si terminas tus estudios con un título de medicina es para que abras tu propio consultorio; si te recibes de ingeniero es para que abras tu compañía constructora. El objetivo no es ver si alguien te da trabajo.

Las universidades siguen produciendo miles de profesionales cada año y las empresas son cada vez menos; por eso hay desempleo. Urge que seamos más creativos.

Los tiempos de crisis son tiempos de cambios, son tiempos de ser más ingeniosos, de utilizar las desventajas para convertirlas en oportunidades.

El éxito existe y te está esperando.

La alineación y el equilibrio

Otro aspecto importante de nuestro análisis es la alineación. Querido amigo, amiga, si en la vida no estás logrando los resultados ansiados, necesitas aprender a equilibrarte.

Poseemos un don que la mayoría de las personas no saben que poseen; por tanto, no lo utilizan: el don de autoequilibrarte y poder equilibrar a otros. Esto significa que, nuestro libre albedrío nos permite equilibrarnos al cuidar lo físico, lo mental y lo emocional. Y en cuanto lo conseguimos, podemos hacer lo mismo con nuestro cónyuge, con nuestros hijos, y hasta con nuestros colaboradores y compañeros de trabajo.

Algunas personas me comentan: "No sé qué me sucede, no estoy ganando dinero, llevo una pésima relación con mi esposa, con mis hijos". ¿Qué les su-

 giero? "Alíneate, compañero; tienes que aprender a equilibrarte física, mental y espiritualmente".

La *alineación* consiste en empezar a volver a los elementos básicos.

Si eres un hombre de negocios, imagina que eres un trabajador y éste es tu primer día de labores en esa empresa. Si eres vendedor, prospecta de nuevo desde abajo. Si eres ama de casa, empieza a sacar las viejas recetas que ya no utilices y vuelve a hacer las cosas con amor, con cariño. Si eres estudiante, reinicia como si fuera éste el primer día que asistes a la universidad o a la escuela preparatoria.

Sí, todos debemos aprender a volver a los principios básicos. Como mencioné, muchas personas llegan a albergar una mentalidad de: "Me interesa muy poco", bien sea por haberse casado o porque han llegado a un cierto nivel de comodidad y tranquilidad. Algunos que logran crecer en lo económico se acostumbran a llegar a las diez de la mañana a su trabajo o negocio; empiezan a "hacer como que trabajan" y también la empresa y la vida "hacen como que les pagan".

El ejercicio

Para la alineación física, es necesario que inicies o retomes tus rutinas de ejercicio: caminar, correr o acudir a un gimnasio.

En mi libro *Créalo: sí se puede* encontrarás fórmulas para ejercitar el cuerpo y la mente buscando mantenerlos alineados a la perfección.

Al hacer ejercicio por las mañanas, aunque sea cinco o diez minutos, nuestro corazón empieza a latir un poco más rápido; estos latidos aumentan la irrigación sanguínea y el primer órgano que se beneficia con ella es el cerebro, dado que éste se nutre de dos elementos constitutivos de la sangre: glucosa —o sea azúcar— y oxígeno. Ten presente que, *a mayor irrigación sanguínea, mejor estado de ánimo y mejores ideas se nos ocurren.*

Por lo anterior, te recomiendo que todos los días realices ejercicio para que te invada la energía, para recibir el impulso del entusiasmo, para que continúes apasionado por la vida. Esa práctica influirá en gran medida en tu reserva física.

No seas víctima del tabaquismo, del alcohol, de las drogas o de la comida, porque te estarás autodestruyendo.

No atentes contra el templo de Dios, tu cuerpo; porque Dios habita en el interior de cada uno de nosotros. Mantente bien equilibrado, en lo referente a los planos físico, mental y espiritual.

Empieza por asignar al primero, al físico, el lugar tan importante que ocupa en tu vida.

Repito: practica ejercicio. No aduzcas como pretexto el hecho de que vives en una ciudad grande y por eso no puedes salir a hacerlo: ahí mismo, en tu habitación, salta unos cinco o diez minutos diarios. Salta sobre un pie y sobre otro para que empiece a trabajar más el corazón. Luego date un rico y vigoroso baño de agua fría, la cual te inyectará energía y, en una palabra, vida.

Dale Carnegie afirmó alguna vez:

> *"Positivo es aquel que al levantarse por la mañana y abrocharse los zapatos le da gracias a Dios."*

El solo hecho de estar de pie y abrocharnos los zapatos quiere decir que estamos vivos, porque precisamente este día, en esta misma ciudad, habrá

personas que ya no pudieron abrochar-
se los zapatos, que ya no se levantaron
de la cama hoy, que probablemente
estén recluidos en hospitales por acci-
dentes o enfermedades.

VIVIR FELICES

Nuestra meta es aprender a ser *por completo felices*. No sabemos si al final de la jornada lograremos nuestros propósitos; si conseguiremos arrancar esa gran empresa; si ocuparemos esa posición importante; si obtendremos nuestro objetivo en la vida.

> *No olvides que no se trata de llegar más rápido que los demás, sino de avanzar con paso continuo. Pero lo más importante es disfrutar el viaje.*

Analiza lo siguiente: si en este momento Dios te quitara la vida, ¿dirías: "Gracias, Dios mío, por todo lo que me permitiste disfrutarla", o aducirías: "No, todavía no me puedo morir porque debo llevar a cabo esto, tengo que lograr aquello, hoy no besé a mis hijos, hoy no abracé a mis padres, hoy no hice lo que prometí que haría, mi proyecto se quedó a medias"?

Mi querido lector, asegúrate de vivir cada día con plenitud.

No sé tú, pero yo tengo lo que llamo "metas de la mecedora": me siento en la mía e imagino que tengo ya setenta años. Me cuestiono: "Ahora todo ha pasado; si volviera a tener treinta y cinco años, ¿qué haría?" "Si fuera treinta años más joven, ¿qué haría?"

En ese momento comienzo a generar adrenalina y a escribir todo lo que se me ocurre: tendría un programa en

la radio; otro en la televisión; grabaría una idea en videocasetes o audiocasetes; escribiría sobre diferentes temas; hablaría con miles de personas.

Todo eso que nos ofrece la juventud, la energía, cuando estamos en la plena flor de la vida.

Y no importa si tienes sesenta o setenta años, se trata de una postura psicológica.

EL DESARROLLO

Entonces, mi sugerencia es: alíneate física y mentalmente. Ve creciendo a diario. Lee.

> *Una persona que no lee*
> *no sabe más que una persona*
> *que no sabe leer.*

Considera, al leer el presente libro, todos los conceptos que me han permitido producir ese cambio en mi vida, y en la de miles de personas más.

Sigue leyendo. Todos tenemos que aprender a crecer en el aspecto intelectual. Fórmate el hábito de leer a diario, y en tu auto, en lugar de escuchar música, escucha audiocasetes con mis diferentes programas y otros sobre negociación, ventas, idiomas.

En suma, campeón, continúa evolucionando.

Yo no puedo estar mentalmente sano si mi cuerpo es un desastre. Tampoco puedo hacer ejercicio con regularidad o comer como es debido si mi mente está confusa.

Es indispensable alinearse, equilibrarse, en lo físico, en lo mental y en un tercer aspecto: el espiritual: acércate a Dios, cualquiera que sea tu Dios. Si deseas creer en "Alá", como sucede con muchos conformistas ("*A la* mejor sí vendo, *a la* mejor sí gano, *a la* mejor sí me va bien"), hazlo.

Pero para triunfar, para conseguir empleo, para graduarte en la universidad, deberás estar bien equilibrado.

Si alineas tus aspectos físico, mental y espiritual podrás guiarte por el mensaje:

"Nunca harás más de lo que tú crees que puedas hacer."

Tu máxima limitación eres tú mismo. Si ponemos una calabaza dentro de una botella, crecerá exactamente con la forma de la botella. ¿Qué hacer? Rompe la botella y crecerá más la calabaza.

En tu caso, la botella es tu temor, tu complejo o tu limitación. No te limites, *Dios no nos hizo en serie, nos hizo en serio*.

Tú fuiste creado para triunfar y alcanzar todo lo que te propongas en la vida.

No pretendo infundirte únicamente motivación para que salgas a la esquina y proclames: "Sé que puedo comerme este mundo a mordidas, pero ¿por dónde empiezo?"

Pretendo, más bien, aportarte la motivación y la información necesarias para lograrlo. Por eso, más adelante hablaremos de lo que llamo "Las ocho llaves estratégicas para el éxito". Los datos que he recopilado acerca de las personas que han logrado todos sus anhelos me han servido para diseñar estas ocho sencillas llaves que te serán de gran utilidad.

Toma en cuenta lo siguiente.

> *"Nunca harás más de lo que crees que puedes realizar; tampoco ganarás nunca más de lo que crees que puedes ganar."*

Tú eres tu única limitación: algunos miran hacia arriba y ven el techo. Tú no, tú rómpelo a como dé lugar para ver el cielo. Hazlo; de todas maneras, si no emprendemos las cosas que queremos, un día nos encontraremos sentados contemplando el pasado. Se ha demostrado que más de cincuenta por ciento de quienes viven después de los sesenta y cinco años dependen de sus hijos, de parientes o de amigos para poder comer.

Lo importante es que vivimos rodeados de abundancia. Dios dijo: "Te pongo en un mundo abundante, sírvete con la cuchara grande". ¿Qué es lo que quisieras tú: salud, dinero o amor? Acaso pienses: "Si no es mucho pedir, quisiera las tres cosas", ¡Claro, sírvete con la cuchara grande, sin autorrestringirte!

No te acostumbres a culpar a los demás. Muchos apuntan con el dedo: "Si

no fuera por éste, por aquél o por aqué-
lla, si no fuera por este gobierno". Pero
mientras apuntan con un dedo hacia
afuera, tres siguen apuntando hacia ellos.

Eso significa que *el cambio se pro-
duce de adentro hacia afuera*.

Te invito a realizar el siguiente ejerci-
cio: ponte de pie, levanta el brazo dere-
cho y apunta con el dedo índice hacia
el frente. Ahora da la vuelta y empieza
a girar de la cintura hacia arriba, sólo tu
torso, y ve hasta dónde puedes apuntar
con tu dedo derecho. Hazlo sin lasti-
marte, sin forzarte demasiado, hasta
donde alcance tu dedo. Observa tu
punto de referencia. Después baja la
mano y vuelve a tu posición normal.
Ahora visualiza que tu dedo va a abar-

car mucho más allá que la vez anterior. Visualízalo. Por ejemplo, si lograste apuntar hacia cierto objeto, alcanzarás una distancia de casi el doble. Pero es necesario que lo visualices antes. Bien, ¿estás listo? Ponte de pie, levanta el brazo derecho, alza únicamente tu dedo índice y gira. Nota con qué facilidad rebasas el lugar donde se detuvo la vez pasada, y que ahora puedes mover más tu cuerpo hacia la derecha. ¿Lo lograste? ¿Verdad que sí? Muchas veces nuestra única limitación somos nosotros mismos.

෴෴෴෴෴෴෴෴෴෴

La mente

Resulta sorprendente cómo todos los seres humanos podemos cambiar todo, modificando nuestra forma de pensar. En este sentido, a mí siempre me ha inspirado una frase que me he repetido casi a diario desde los dieciséis años:

> *"Eres lo que eres y estás donde estás por lo que has puesto en tu mente, pero puedes cambiar lo que eres y puedes cambiar donde estás, cambiando lo que pongas en tu mente."*

Estoy por sacar un libro al mercado titulado *La mente humana (manual de operación)*. Ahí analizo que a todos nosotros nos dieron una mente, una mente capaz de crear cualquier cosa que se nos ocurra.

> *Lo que la mente humana puede creer puede crear.*

Sigue tu instinto, sigue tus corazonadas, porque son tu brújula para navegar en esta vida.

La mente es algo que todos los seres humanos poseemos, pero pocos tienen un manual para operarla; no saben cómo utilizarla y en ocasiones todo ese poder mental lo vuelven contra sí mismos, autodestruyéndose.

Sí, querido lector, lectora, tu mente puede ser tu mejor amigo o tu peor enemigo y nada cambiará, nada positivo sucederá en tanto no aprendas a encaminar tu poder mental hacia lo constructivo.

La capacidad constructiva de la mente equivale a su capacidad destructiva. El subconsciente no posee sentido analítico, obedece cualquier cosa que le digas.

Cuando uno afirma: "Ah, pero cómo soy tonto", tu subconsciente responde: "Ah, pero cómo no", y te hace tonto. Aunque es un gigante, poderoso, casi diez veces más inteligente que la mente consciente, lleva una máscara de plomo y no oye, no ve, sólo obedece.

Por otra parte, tú eres la mente consciente; quien está leyendo este libro en este momento, conscientemente, y deberás transmitir sólo los elementos buenos, puros y necesarios a ese gigante, el subconsciente, quien, incondicionalmente, producirá el cambio.

Por tanto, cada mañana al levantarte, lo primero que deberás decir es: "¡Qué precioso día!, ¡qué bien me siento!", aunque no sea así.

Y si te sientes enfermo, no lo digas, no lo aceptes. Levántate e inyéctate una dosis de ánimo.

> *El cambio más poderoso en el ser humano radica en el concepto número uno, el principio llamado el poder de la autosugestión: empezamos fingiendo y terminamos creyendo.*

Los cientos de libros que he leído sobre psiquiatría, psicología, superación personal e hipnosis, se basan en este solo concepto.

Repítete: "¡Caray, qué bien me siento!", una y otra vez. Varias veces al día asegura: "Aquí y ahora, ¡qué feliz me siento!"

Es fundamental que lo repitas ahora conmigo, porque si no lo haces, enseguida este momento pertenecerá al pasado, y en la vida no se puede decir "Borrón y cuenta nueva; me voy a devolver el gusto de disfrutar aquellos momentos que no gocé y que no viví apasionadamente".

Como dijo John Lennon:

> *"El único amor que me llevo
> es el amor que hice."*

De ahí que a cada instante debas afirmar: *"Aquí y ahora, ¡qué feliz me siento!"*

Otro principio elemental es que aprendas a utilizar todo tu poder mental para beneficiarte, no para tu perjuicio. Toma en cuenta que tenemos dos mentes: la mente consciente y la subconsciente.

La primera, es la que a través de los cinco sentidos, capta los patrones mentales y luego los transmite al subconsciente, el cual graba todo. De ahí nuestra capacidad de memorizar. Tú podrías recordar tu cumpleaños número cinco, aun a los cincuenta: de qué color era el pastel, qué te regalaron tus papás, cuántas personas asistieron a la fiesta, el nombre y el regalo que te llevó cada uno de tus amiguitos.

Es increíble cuánta información podemos almacenar en más de diez mil millones de neuronas cerebrales, que son las células donde la grabamos.

En un experimento se enlazaron mil cerebros de computadora en un edificio; el propósito era comparar su capacidad con la capacidad creativa de la mente humana.

Pues bien, ¡se descubrió que los mil cerebros no alcanzaban ni diez por ciento de la capacidad creativa de un niño de diez años!

> *La mente es el único instrumento*
> *sobre la Tierra capaz de crear*
> *un pensamiento.*

Aseguran los científicos que si se desarrollara un robot o una computadora capaz de crear un pensamiento, su elaboración costaría más de cien millones de dólares.

¿Sabías que existe tal inversión en tu interior?

FRUSTRACIÓN

En el inicio del nuevo milenio, estudios científicos han demostrado que es ilimitada la capacidad creativa de la mente.

Entonces, ¿por qué vives plagado de frustraciones, de pobreza y limitación? Las razones son sencillas:

En primer lugar, porque no *crees* que puedes ser mejor y en tanto no te convenzas de ello nunca serás mejor, nunca harás más de lo que creas que puedes hacer.

En segundo lugar, porque no *tomas acción* oportuna, pospones y pospones hasta que es demasiado tarde. ¿Cuándo se proponen muchos empezar su dieta? Después del lunes, después de las vacaciones, después de Navidad, ¿no es así?

Deja de posponer y aprende a tomar acción.

Estudiaremos la toma de acción de manera específica cuando hablemos de "Las ocho llaves estratégicas para el éxito".

Mientras tanto, debo subrayar cuán trascendente es que *retroalimentes a menudo tu subconsciente con lo que hay de bueno, puro, limpio y necesario a tu alrededor*. No te dejes vencer por lo negativo: si hay crisis, todos hablan de ella; leen el periódico y la comentan. ¿Y la radio y la televisión y los demás medios y toda la gente de qué habla? Del único tema popular en la actualidad: ¡la crisis!

No recuerdo que haya habido épocas en que la gente comente: "Caray, qué bien está la economía, son tiempos de bonanza, vamos a trabajar". No, siempre hay una razón para quejarse con amargura.

> *La actitud negativa,*
> *de queja, frena tu potencial,*
> *frena tu creatividad*
> *y el uso de tus recursos.*

Las ocho llaves estratégicas para el éxito

Hablemos en forma breve de las ocho llaves. ¿Qué es, exactamente, lo que queremos de la vida? Cuando sepas cuál es tu propósito, hacia dónde te diriges, deberás utilizar las ocho llaves siguientes.

ENTUSIASMO

La primera llave es el ***entusiasmo***.

Entusiasmo proviene del griego *en-theos*, que significa *enthe*: dentro de, y *theos*: Dios.

La antigua cultura griega afirmaba que toda persona entusiasta llevaba el espíritu de Dios en su interior.

Hemos observado que los que alcanzan todo lo que se proponen muestran una actitud entusiasta.

> *El entusiasmo no lo es todo, pero es la llave que desencadena todo.*

Entusiásmate. Ésta es una de mis recomendaciones a los asistentes a mis seminarios. Si alguien pregunta: "¿Por qué?", le contesto: "Pues por nada; si por nada te deprimes, por nada te vas a entusiasmar. Entusiásmate por tus metas. Aprende a automotivarte como lo hacen los niños, que mantienen siempre mucha energía, mucho entusiasmo. ¿Por qué? Porque su estado físico, mental y espiritual es saludable; no han estado sometidos a programaciones, ni buenas ni malas. Aprende de ellos".

FE

La llave número dos es la *fe*.

Según el diccionario, tener fe significa anticipar y esperar algo bueno. Lo que muchos no saben es que la fe y el temor son la misma fuerza: temor significa anticipar y esperar algo malo. Cuando sales a trabajar, ¿sales inspirado por la fe o por el temor? Muchos dicen: "Ay, ojalá que saque dinero para pagar la renta y la luz". No, eso es temor, lo mejor es afirmar: "¡Seguro que lo voy a lograr!" Por tanto, prepara tu mente, tus músculos y tu cuerpo para triunfar, para obtener la corona, la victoria. Ten fe; alguien con fe es más energético y creativo que quien sólo desee poseer algo.

ENTREGA

La tercera llave es la ***entrega***: entrégate en cuerpo, alma y con toda pasión.

Todo lo que aspires a llevar a cabo en la vida requiere de una entrega total.

Cuando me propuse dedicarme a hablar en público, me entregué diez años consecutivos a alcanzar mi meta: llegar a las personas, comunicarme con ellas. Impartí más de ciento cincuenta conferencias en forma gratuita, antes de que alguien estuviera dispuesto a pagar por escuchar mi mensaje. Tengamos fe, aunque no consigamos resultados inmediatos, y sigamos adelante con la misma entrega. Recuerda, no te dejes llevar sólo por los resultados inmediatos.

> *La persona con éxito es influenciada por los **resultados** placenteros, en tanto que el fracasado lo es por las **actividades** placenteras.*

¿Te agrada sobremanera disfrutar de los "viernes sociales"? ¿Eres de quienes sostienen con alegría que los lunes ni las gallinas ponen? ¿No te gusta trabajar los sábados? ¿Te desagrada viajar? De ser así, tus limitaciones son muchas. Hay que entregarnos en cuerpo y alma, con pasión absoluta.

Hace muchos años uno de mis grandes maestros afirmaba:

> *"Deja que el negocio*
> *penetre en ti."*

Cuando decidí convertirme en un gran hombre de negocios, lo primero que hice fue "desayunar, comer, cenar y dormir negocios" (es decir, enfocarme por completo en ello), para que mi subconsciente se preparara y pudieran fluir las ideas sobre cómo lograr mis objetivos.

Es así, con una entrega total, como nos convertimos en un imán humano que atrae gente, dinero y circunstancias para lograr nuestros anhelos.

El día 10 de junio de 1987, cuando decidí emprender lo que ahora es mi vocación, firmé un contrato conmigo mismo, de carácter irrevocable.

Contrato irrevocable
Mi gran promesa de cambio

En este día prometo iniciar una nueva etapa y hacer más con mi vida, alcanzar la grandeza que existe dentro de mí y que está a la espera de ser utilizada. Hoy dejaré de huir de mí mismo y ya no fracasaré jamás. Éste es el día en que por fin tengo el valor de enfrentarme a las circunstancias y las venceré una a la vez. No volveré a tomar el camino fácil. Sacrificaré placeres temporales, disciplinando mis apetitos físicos y emocionales, por alcanzar la excelencia en mis esfuerzos de acercarme a mi meta.

Ahora sé que el esfuerzo continuo conduce al éxito y el esfuerzo esporádico, al fracaso.

Y así lo he hecho. No acostumbro los viernes sociales. Opto por quedarme en casa, en mi habitación, estudiando.

En los inicios de mi carrera, pasaba los sábados y los domingos en alguna ciudad o población desconocida y sentía deseos de salir a divertirme. Pero, ya en la puerta principal del hotel, me tomaba del cuello y me decía: "Alex Dey, devuélvete ahora mismo a esa habitación; evita el aburrimiento, evita la soledad y la angustia; ve y conviértete en alguien importante". Y volvía a trabajar con mis libros, con mis casetes; volvía y hacía mis anotaciones, para un día convertirme en el motivador número uno de habla hispana.

Pero todo requiere una entrega total.

PASIÓN

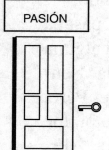

La cuarta llave es la *pasión*.

Hay que imprimir pasión a nuestro trabajo. Apasiónate por las cosas que quieras, y si te desmoralizas, vuelve a apasionarte por ellas.

ESTRATEGIA

La quinta llave es la *estrategia*.

Plantéate, por ejemplo: "Dentro de noventa días llegaré a este punto, en

seis meses voy a estar aquí, en un año alcanzaré..., en cinco años...".

Te sugiero que diseñes "El plano de tu vida". Utiliza una hoja de rotafolios, una cartulina o una hoja grande de papel. Inicia poniendo tu fotografía actual al centro. De izquierda a derecha, anota primero tus metas a veintiún días. Luego, a noventa días. A seis meses. A uno, cinco y diez años.

Agrégale fotografías o recortes de revistas donde se expresen los aspectos físico, familiar, económico, etc., para que el mensaje al subconsciente sea más directo.

Toma de acción

La sexta llave es la ***toma de acción***.

Pregúntate qué tipo de acción puedes emprender este día para satisfacer tus metas.

Empieza *ahora*.

ENERGÍA

La séptima llave es la *energía*.

Recuerda, la fatiga nos acobarda. ¿Cómo podemos obtener la energía para alcanzar todo lo que anhelamos?

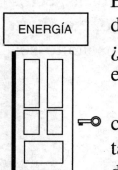

Es este momento cuando debemos preguntarnos: ¿cómo puedo obtener esa energía?

Una manera más que recomendable es: aléjate del tabaco, del alcohol, de las drogas. Así tu mente y tu cuerpo se mantendrán puros, limpios y te ayudarán en tu camino.

SENSOR DE AJUSTE

Y la última llave, la ocho, es un *sensor de ajuste*.

La fórmula es: *intenta, falla, piensa y vuelve a intentar. Los triunfadores nunca fracasamos; únicamente descubrimos maneras de cómo no hacerlo, pero no fracasamos.*

Uno fracasa cuando ceja en sus intentos. Entonces, intenta, falla, piensa y vuelve a intentar. Para lograr la evolución empezamos por la desilusión: si no hay desilusión no hay lección que aprender; por tanto, no hubo evolución.

AJUSTE

Conclusión

Si utilizas las ocho llaves que aquí he descrito, estoy seguro de que te convertirás en el ser extraordinario y sin límites que tanto deseas ser.

Como ves, querido lector, lectora, triunfar en la vida no tiene que ver con la casualidad, sino con la preparación. Preparación, conocimiento y sabiduría, dirigidos a la perfección. Sigue preparándote, invierte en tu mente. Como decía Benjamin Franklin:

> *"Vacía tu bolsillo en tu mente, que tu mente mantendrá lleno tu bolsillo".*

En mi caso, yo que sólo terminé el sexto grado de primaria, invertí en mi  mente y decidí autoeducarme, a través de libros, audiocasetes, videocasetes, cursos y seminarios. Así logré convertirme en quien actualmente soy.

> *"Lo que un hombre puede hacer,*
> *otro también."*

Una persona puede cambiar su vida dando un giro a su modo de pensar. Su pequeño mundo lo componen su trabajo y su familia. Y tú, ¿cuándo vas a cambiar? El día que modifiques tu forma de pensar. Cuando muestres una nueva actitud, tus hijos, tu esposa, tus hermanos, tus demás parientes te secundarán.

> *Tú representas un punto*
> *de elevación,*
> *vives un proceso continuo*
> *de evolución que te exige*
> *trabajar a diario.*
> *Cambia tus hábitos,*
> *recuerda que eres capaz*
> *de dirigir tu destino.*

En efecto, no podemos controlar las catástrofes ni las guerras mundiales ni otros acontecimientos. Lo único que podemos controlar son nuestros pensamientos. Y éstos se convierten en acciones, las acciones desarrollan hábitos y son los hábitos los que determinan nuestro destino.

¿La conclusión? *Todos podemos revolucionar nuestra posición ante la vida.*

LA VIDA ES UNA FIESTA

Imagina que este fin de semana hay una fiesta; el sábado todos los invitados llegan bien bañados —les toque baño o no—, finamente vestidos. En fin, todos se muestran dispuestos a divertirse.

Veamos qué sucede.

En la fiesta no puede faltar el aburrido que se limita a permanecer en su asiento, a quien nada le divierte, que toma una cerveza y como que no le cae bien. A las once de la noche esta persona exclama:

—Ya me voy, todo esto está muy aburrido.

El lunes sus amigos que no fueron le preguntan:

—¿Cómo estuvo la fiesta?

—Muy aburrida —responde. Claro, para él así estuvo.

En una ocasión, en la defensa de un automóvil vi el siguiente pensamiento: "La vida es interesante [y abajo]... para la gente interesante". También pudo haber dicho: "La vida es aburrida... para la gente aburrida", y eso es lo que sucede con esta fiesta.

¡Ah! pero de pronto llega otro, con varios compañeros. Conversan, bromean, ríen a carcajadas, toman dos, tres cervezas y empiezan a bailar. Un poco después la habrán pasado de maravilla. Cuando esta persona llega el lunes a la empresa y le preguntan:

—Oye, ¿cómo estuvo la fiesta?

Contesta:

—Muy divertida.

—Pero aquél dijo que estuvo aburrida —lo cuestionan y él afirma—: Bueno, para él.

Resulta que en la misma fiesta uno se aburrió y otro se divirtió.

Y tampoco falta el que gusta de los pleitos, el que "toma de la brava"... porque nada más toma y se pone bravísimo. Con sólo dos cervezas le da por mirar al otro y lanzarle un:

—¡Qué, tú qué, pues vente!

Hasta que sus amigos le reclaman:

—¡Vámonos, si venimos a divertirnos, no a pelear!

Y acaban por correrlo de la fiesta. Si el lunes le piden que la describa, ¿qué diría?

—Sólo pleitos.

Cada quien ofrece la interpretación que desea, la más cercana a su actitud ante ella.

Pero tampoco podía faltar el galán, el cual, desde que entra, mira a todas las damas presentes diciendo: "Yo las mato, tú las cuentas". Siempre hay un tipo de éstos en las fiestas, en cada empresa, en cada lugar. Pues bien, pare-

cería que este individuo posee vista de rayos equis: desde que se detiene en la puerta alcanza a verlas a todas y en un instante, analizándolas, sabe cuál es divorciada, cuál está disponible, quién es viuda, cuál soltera. Le llaman "el caníbal", porque asegura que le gustan todas: las altas, las flacas y las chaparritas, las gordas y las chiquititas, ¡todas!

Además, muestra una habilidad enorme; al momento en que se topa con una chica que le gusta la mira fijamente, zuummm, lanza un rayo y un cambio de luces. Ella lo mira también y le hace su correspondiente cambio de luces. Él le dice con la mirada: "Quieero", y ella lo observa como contestando: "Yo también". Haciendo a un lado las bromas, ésta es la llamada comunicación sin palabras o no verbal. Sin intercambiar una palabra, ya se dijeron mucho. Él la anima: "Ven, nena", y ella reacciona: "No, mejor espérate a las baladas, para, ya sabes, bailar bien contentos; a esa hora bajan la luz...".

Bueno, nuestro compañero decide esperar pero mientras tanto va y toma dos o tres cubas con sus amigos. De pronto bajan las luces y ponen las baladas; la chica lo busca con angustia; parece preguntarse: "¿Dónde está?" y él allá, muy entretenido con sus cuates. Ella lo encuentra y con la mirada le dice: "Ándale". Él la mira y pregunta: "¿Qué?" Ya está semi dormido —cuidado, amigo, si piensas ligar avívate, por favor— y casi le reclama sin hablar: "¿Qué esperas?" Por fin, él se acerca, la saca a bailar, y empieza el ligue típico:

Ya bailando, le pregunta:

—¿Cómo te llamas?

Si la chica se llama Clotilde, él la va a llamar Lysbette, con ye y doble t. Siguen bailando y le dice:

—Oye, Lysbette con doble t, ¿qué haces?

—Pues estudio y trabajo.

Conversan y llega la invitación:

—Oye, te invito a cenar.

Ella, muy digna, responde:

—Pues déjame pensarlo, ¿sí?

Sin embargo, de inmediato suele contestar sí (o no).

—Bueno, nos vemos mañana domingo, ¿a las ocho de la noche está bien?

Muy motivado, le pide su número de teléfono.

El domingo por la noche se presenta en su Volkswagen Ltd. (o sea, Lámina Toda Destruida). Ella sale emocionada; por dentro su corazón late fuerte —boom, boom—, pero por fuera no lo denota. Lo saluda con un "hola". Él le pregunta:

—¿A dónde quieres ir a cenar?

Ella contesta:

—La verdad, a cualquier parte, al fin y al cabo yo como muy poquito.

(Mmmh, pero hay que tener cuidado porque, diga lo que diga, nada más te casas con ella y no la satisfaces con nada. En efecto, en el restaurante come una ensalada o cualquier cosa, pero llegando a la casa exclama: "Mamá, caliéntame el guisado del mediodía", y devora unos tacos enormes con chile.)

Con él quiere quedar bien y cuando le traen la carta, ordena una ensaladita con aderezo de dieta. Él la mira y ella repite:

—La verdad yo como bien poquito.

De pronto, sus tripas se quejan ruidosamente y él cuestiona:

—¿Qué pasó, qué fue eso?

Apenada, ella contesta:

—Un automóvil que pasó y traía roto el escape.

La lleva de regreso a su casa y, antes de irse, le planta su beso de despedida, que por lo general es de permanencia voluntaria. Sí, un largo beso y un fuerte abrazo. Ella se va y en cuanto cierra la puerta grita:

—¡Estoy enamorada!

Él sube a su automóvil, enciende el radio, escucha alguna canción romántica —aaay, qué bonito—; se siente enamorado, apasionado.

Imagina a este hombre al volver al otro día, lunes por la mañana, a la empresa. Cuando los que no fueron le preguntan:

—Oye, ¿qué tal estuvo la fiesta? ¿qué contesta?:

—Encantadora y maravillosa.

Como ven, en la misma fiesta uno se aburrió, otro se divirtió, otro la pasó peleando y para el otro resultó encantadora, maravillosa.

Bueno, pues:

> *Tú, querido amigo, has sido invitado a esta fiesta llamada LA VIDA, y tú decides si quieres ser feliz todos los días.*

Por tanto, habitúate a convencerte, a animarte: "¡Qué preciosa es la vida!". Empieza a decir cada mañana: "¡Qué hermoso día!"; a exclamar a cada instante: "¡Aquí y ahora, qué feliz soy!"

Si aprendes a utilizar el poder de la autosugestión, el cual nos hace primero fingir y luego acabar creyendo, podrás ser feliz cada instante de tu vida. Y ése, ése es el propósito de este libro: cómo mantenernos motivados, cómo echar a andar nuestro potencial y convertirnos en seres extraordinarios y sin límites.

Ahora, una importante conclusión: si de aquí en adelante te deprimes, si alguna vez te sientes incapaz o inseguro, ya sabes qué hacer. Aquí has recibido los elementos necesarios para cambiar tus resultados, cambiando tu forma de pensar.

Salud te deseo, lo demás depende de ti.

Alex Dey

Cómo lograr todo lo que quieres de Alex Dey
se terminó de imprimir en octubre de 2003 en
Impresora Igamsa, S.A. de C.V.
Venado Nº 104, Col. Los Olivos
México, D. F.